LES
INDUSTRIES
DU
DÉPARTEMENT DE L'ARDÈCHE

1ʳᵉ PARTIE

LA PAPETERIE — LA MÉGISSERIE

Par Paul D'ALBIGNY

Secrétaire de la Société des Sciences naturelles et historiques de l'Ardèche, ancien secrétaire général de la XXIX° session du congrès scientifique de France, membre de plusieurs académies et sociétés savantes de France et de l'Étranger, ancien rédacteur en chef du *Journal d'Annonay* et du *Journal de l'Ardèche*.

PRIVAS
IMPRIMERIE ROURE
1875

8° V
108

LES
INDUSTRIES

DU

DÉPARTEMENT DE L'ARDÈCHE

1re PARTIE

LA PAPETERIE - LA MÉGISSERIE

Par Paul D'ALBIGNY

Secrétaire de la Société des Sciences naturelles et historiques de l'Ardèche, ancien secrétaire général de la XXIXe session du congrès scientifique de France, membre de plusieurs académies et sociétés savantes de France et de l'Étranger, ancien rédacteur en chef du *Journal d'Annonay* et du *Journal de l'Ardèche*.

PRIVAS

IMPRIMERIE ROURE

1875

PRIVAS. — IMPRIMERIE ROURE.

PRÉFACE

Les deux monographies industrielles qui suivent ont été publiées soit dans l'Almanach *de l'Ardèche soit dans le* Journal de l'Ardèche, *en 1873, alors que nous avions la direction de ces publications.*

Elles viennent de recevoir une publicité plus récente encore dans l'Annuaire du département pour 1875, publié par M. Roure, avec le concours et le patronage du Conseil général de l'Ardèche.

Dans cette nouvelle édition, ces deux notices ont reçu de notables additions et nous leur avons donné des développements qui n'avaient pu trouver place dans les premières publications ou qui nous ont été suggérés par des informations plus récentes sur l'état de ces industries.

Ces deux monographies formeront la première partie d'un travail que nous poursuivons avec le vif désir de le mener à bonne fin et qui embrassera, dans une deuxième série de notices, les autres industries importantes de notre département, et une revue plus sommaire d'ailleurs, des industries secondaires ou qui du moins, ne comptent dans notre région qu'un nombre restreint d'établissements ou des établissements d'une moindre importance.

Cette seconde partie de notre travail sur les industries de l'Ardèche comprendra : 1° La Soie, la Filature et le Moulinage ; 2° Les Mines de fer et les Hauts-Fourneaux ; 3° Les Houillères ; 4° Les Eaux Minérales ; 5° La fabrication de la Chaux hydraulique ; 6° Les industries diverses et moins importantes.

Nous avons déjà réuni une partie des matériaux et des renseignements necessaires à cette seconde publication et nous espérons qu'il nous sera donné de l'achever dans le cours de cette année, à moins *d'empêchements que nous ne saurions prévoir, quant à présent.*

Nous aurons ainsi établi une sorte d'inventaire complet et suffisamment descriptif, des industries qui font la richesse et la gloire de notre département.

Nous aurons ajouté quelque chose aux annales du pays en faisant connaître l'état actuel de nos industries ardéchoises, et ce n'est point sans une sincère satisfaction, que nous aurons comblé une lacune que nous avions constatée avec regret, plus d'une fois, dans les recherches si actives et si pleines d'intérêt d'ailleurs, des écrivains et publicistes ardéchois de toutes les époques.

Le travail que nous offrons actuellement, comme celui qui doit le compléter, n'est point œuvre d'imagination, mais bien la description sobre et exacte des principaux éléments de la puissance industrielle de l'Ardèche.

Aussi, nous sommes nous efforcé de puiser les informations et les chiffres consignés dans ces notices aux sources les plus sûres, auprès des chefs d'industrie les plus autorisés, et dans les documents qui nous présentaient les meilleures garanties de certitude ou d'approximation suffisante, dans tous les cas où une exactitude rigoureuse n'est pas possible.

Nous espérons que sous le bénéfice de ces explications, nos concitoyens accueilleront notre travail avec bienveillance, et que les personnes étrangères à notre région nous sauront quelque gré de les initier à nos richesses industrielles, comme d'autres se sont efforcés de les initier aux curiosités naturelles, aux trésors historiques et archéologiques de notre Vivarais.

PAUL D'ALBIGNY.

Privas, ce 20 Février 1875.

LE PAPIER

Lorsque les hommes eurent inventé, ceux-ci un langage figuré, symbolique, c'est-à-dire *idéographique*, ceux-là un langage *phonétique*, c'est-à-dire des caractères ou alphabets propres à exprimer les consonnances du langage parlé, ils songèrent à se servir de ces signes, *hyéroglyphes* ou *alphabets*, pour conserver les traditions des peuples, consigner leurs observations et leurs actes publics ou privés.

Les premiers corps qui furent choisis comme les dépositaires de ces annales ou de ces chartes primitives, furent naturellement les corps polis, les corps suffisamment résistants, et tendres à la fois, pour recevoir et conserver les signes qu'on voulait tracer ou graver à leur surface.

Les feuilles larges, épaisses, polies, parcheminées, les fruits, les légumes, les plantes à enveloppes lisses et solides, comme les cocos, les calebasses, les bambous, l'écorce de certains arbres, les planches tirées de certains autres, à surface blanche et susceptible de poli, les peaux des animaux plus ou moins convenablement préparées, furent sans doute les corps sur lesquels s'essayèrent les premiers scribes et graveurs.

Les pierres, les marbres, les briques, les poteries et leurs débris, les coquillages, les dents ou les os d'animaux, furent ensuite appropriés au même usage, au fur et à mesure que l'industrie humaine créait des outils plus durs pour graver ces corps, des encres et des couleurs pour y peindre les signes figuratifs du langage. Les plaques ou planches de bois de sycomore ou de bois durs, colorés, mais alors recouverts d'une couche de céruse, furent d'un usage très-répandu et assez long, chez les Romains particulièrement, et le nom d'*album*, qui est resté dans notre langue, tire son origine de cet usage fort ancien.

Mais les métaux jouirent ensuite ou même parallèlement à la pierre et au bois, un rôle très-important parmi les matériaux des monuments épigraphiques des anciens. Le bronze dont la fabrication remonte aux origines de la civilisation, fut l'un des métaux les plus propres à conserver les annales des peuples, leurs lois, etc., et il fut souvent employé à cet usage. Le plomb en lames minces et unies, que l'on pouvait graver avec un poinçon, présentait de grandes facilités pour le même emploi et l'on a pu constater qu'il n'y avait point échappé.

L'ivoire qui, par sa blancheur, son poli et sa durée indéfinie, devait attirer l'attention, fut longtemps employé en tablettes minces, sur lesquelles on écrivait avec des encres, ou mieux encore en tablettes finement enduites de cire et sur lesquelles on inscrivait avec une pointe ou style, les notes, les comptes, les correspondances ou communications plus éphémères encore, que l'on pouvait effacer sur la cire et que l'on renouvelait à volonté sur la même préparation. Les tablettes d'ivoire destinées à cet usage furent employées par les Romains et les Grecs, alors même que le papier de *papyrus,* dont nous allons signaler l'apparition était découvert et que le parchemin était également en usage, mais ne servaient le plus souvent, en raison de leur rareté et de leur prix, qu'à la confection des livres.

A Rome, les tablettes d'ivoire étaient devenues des objets d'un grand luxe, car les gens riches les faisaient orner de sculptures et monter en or ou en argent, et ces petits meubles étaient offerts en cadeaux aux amis ou aux clients dont on voulait s'attirer les suffrages, comme on offrirait de nos jours, de riches porte-monnaies ou des portefeuilles élégants.

Enfin, en Égypte et dans la Grèce méridionale, la toile recevait les inscriptions funèbres et religieuses et ce tissu paraît avoir été consacré à peu près exclusivement à cet usage hiératique.

Dans le même ordre d'idées, l'écorce intérieure de certains arbres, c'est-à-dire la partie de cette écorce désignée en botanique sous le nom de *Liber*, en raison de cet usage primitif, était également employée dès l'antiquité à recevoir l'écriture.

On comprend dès-lors, que d'analogie en analogie, de la feuille de l'arbre à l'écorce, de l'écorce à des couches fibreuses et membraneuses plus fines, plus unies, que l'on pouvait découvrir dans quelques végétaux privilégiés, il devait y avoir une liaison naturelle dans les recherches des hommes.

Cela peut suffire à expliquer la découverte et l'emploi du *papyrus* égyptien, dont le nom tout actuel encore de *papier* nous conserve le souvenir éloigné.

Le *papyrus* (1), se fabriquait avec les pellicules

---

(1) Le *papyrus* est une plante de la famille des cypéracées ou souchets et désignée en botanique sous le nom de *Cyperus papyrus*, (Linnée) **Papyrus antiquorum** (Witt) et vulgairement *jonc du Nil; papier du Nil*.

Cette belle plante aquatique qui abondait sur les bords du Nil et dans les parties marécageuses de ce bassin, y est devenue rare et ne se rencontre guère maintenant qu'en Abyssinie, dans quelques marais de la Syrie, et dans quelques rares stations de la Sicile. Les anciens tiraient parti de sa tige non-seulement pour faire du papier, mais des toiles, des nattes, des vêtements, des chaussures, des cordes et même des canots. La moëlle servait à fabriquer des mèches de lampe, et des racines on tirait de petits vases, des étuis et du combustible.

intérieures, fines et blanches de ce gros roseau, qui croissait abondamment sur les rives du Nil, et les Egyptiens en formaient de véritables feuilles de papier, d'une certaine consistance, et d'une durée suffisante pour assurer la conservation des manuscrits.

Ces pellicules ou membranes végétales naturellement roulées en spirale, étaient étendues, mises en presse, séchées, doublées ensuite en sens contraire, par d'autres feuilles de même nature, et couvertes d'enduits qui leur donnaient plus de fermeté et d'imperméabilité, et les mettaient à l'abri de l'action de l'humidité, de l'air et des insectes. Ces feuilles dont les dimensions variaient de 6 à 12 pouces, étaient collées à la suite les unes des autres, de façon à former un rouleau, ayant souvent plusieurs mètres de longueur, qui prenait dès-lors le nom de *volume (volvere)*. A l'une des extrémités du rouleau, on fixait une baguette de bois cylindrique terminée par un bouton ou *ombilic*, comme cela se pratique encore de nos jours pour les cartes géographiques roulées.

Le *volume* ainsi complété et rendu propre à la lecture prenait place dans les rayons de la bibliothèque.

Les peintures murales de Pompéï, d'Herculanum, les descriptions écrites des auteurs et les spécimens de ces ouvrages sur papyrus qui nous sont parvenus à travers les siècles, établissent ces dispositions.

L'emploi du papyrus pour l'écriture, paraît remonter assez haut dans l'histoire des anciens peuples de l'Egypte et de la Grèce, car il était à peu près universel sous Alexandre-le-Grand, c'est-à-dire au IV° siècle avant notre ère. Il devient plus rare dès le II° siècle de notre ère, époque à laquelle le parchemin déjà fort anciennement connu fut appelé à suppléer à cette rareté du papyrus, et s'y substitua peu à peu, jusqu'à la disparition du papyrus que l'on croit pouvoir fixer au XI° siècle. A cette date et depuis plus de trois siècles d'ailleurs, les Arabes de la Perse et de la Syrie connaissaient le papier de coton, et des fabriques de ce produit, déjà très-apprécié, existaient à Damas et dans d'autres parties de l'Orient (1).

---

(1) Le papier de coton porta longtemps le nom de *Charta damascena*, papier de Damas, sous lequel il fut introduit et vulgarisé en Europe.

On sait en effet, que plusieurs siècles avant notre ère, les Chinois fabriquaient du papier de pâte avec les fibres du bambou, du mûrier, et avec la bourre de soie. Il est permis de supposer que de l'Asie orientale, ces procédés passèrent en Perse où les Arabes les trouvèrent lorsqu'ils s'emparèrent de cette région de 636 à 652. Toutefois, au bambou et à la soie ils substituèrent un produit naturel aussi, mais plus abondant chez eux, le *coton*, et fabriquèrent avec cette substance réduite en pâte du papier qui fut trouvé bon et se répandit bientôt dans tout l'Orient.

Ces mêmes Arabes qui, depuis longtemps, avaient naturalisé le cotonnier dans le nord de l'Afrique, tentèrent d'en introduire la culture en Espagne vers l'an 760 et avec lui la fabrication du papier de coton.

Des documents aujourd'hui recueillis, il semble résulter que ce papier qui, en Orient, avait déjà notablement remplacé le *papyrus*, ne fut connu et ne commença à se répandre en Europe que vers la fin du viiie siècle, alors que les fabriques de l'Espagne, celles du royaume de Valence surtout, avaient porté ce produit à un haut degré de perfection. Elles l'améliorèrent encore, peu après, en substituant ou en mélangeant au coton la filasse de lin et les chiffons de fil dont l'emploi ne paraît s'être introduit en France que vers le xiii° siècle, époque à laquelle certaines traditions font remonter la création des premières fabriques françaises de papier, en Auvergne, par des captifs revenant d'Orient, à la suite des deux dernières croisades, et qui s'appelaient Montgolfier, Malmenaide et Falguerolles (1).

Ce qui est plus certain, c'est qu'après les incendies sans nombre et à jamais regrettables qui détruisirent, en Egypte comme en Europe, les plus anciennes et les plus précieuses bibliothèques du monde, on a pu retrouver et conserver des titres et des manuscrits sur papier de coton ou de chiffons qui remontent au xii° siècle en Espagne, au xiii° siècle en France.

A partir de cette époque, le papier de chiffon, de

(1) *Histoire d'une Feuille de Papier,* par Pizetta.

lin ou de chanvre, entra davantage dans les usages pour la composition des livres et des emplois plus ordinaires, tandis que le parchemin depuis longtemps connu et usité, était réservé aux actes officiels, aux manuscrits précieux, aux titres de quelque importance et dont on voulait assurer la conservation prolongée.

Telle est en abrégé l'histoire des origines du papier et de sa fabrication que nous pourrions étendre bien davantage si les limites que nous nous sommes assignées comportaient un plus grand développement à ces considérations générales, qui n'ont d'autre but que de nous conduire aux considérations plus particulières relatives à cette industrie dans notre département, et que nous abordons immédiatement.

LES
PAPETERIES DE L'ARDÈCHE

Les principales industries de l'Ardèche sont : la filature et le moulinage des soies, la métallurgie et l'extraction des minerais et de la houille, l'exploitation des eaux minérales, la fabrication de la chaux hydraulique, la papeterie et la mégisserie.

C'est à ces deux dernières industries que nous consacrons ces notices.

Placé au centre le plus important de leur activité, nous avons pu recueillir à leur sujet des renseignements plus complets et plus intéressants, et nous sommes heureux de les consigner dans cette publication qui est à la fois une œuvre de vulgarisation et de patriotisme.

*
* *

La fabrication du papier occupe un rang élevé parmi les industries, peu nombreuses et peu variées d'ailleurs, dont l'activité contribue à la richesse de notre département, concurremment avec cette autre industrie si merveilleuse et si féconde, qu'on appelle l'agriculture.

C'est dans les cantons d'Annonay et d'Aubenas, et dans un rayon peu étendu, autour de ces deux centres importants de population et d'industrie, que sont établies les fabriques de papier que compte notre département.

Si nous groupons sous le nom de leurs propriétaires ou gérants, les établissements qui concourent à cette fabrication, nous les trouvons au nombre de quatre, dans le canton d'Annonay, et au nombre de deux dans le canton d'Aubenas, en y comprenant la fabrique de papier de paille, de MM. Villard frères, située sur la commune de Nieigles et peu éloignée d'Aubenas.

Les papeteries du canton d'Annonay sont celles de :

MM. Canson-Montgolfier, à Vidalon et Pupil ;
François Johannot, à Faya et Marmaty ;

MM. Montgolfier, à St-Marcel-lès-Annonay ;
Montgolfier frères, à Grosberty et au Pont-de-la-Pierre.

Nous consacrerons une courte notice historique à chacun de ces établissements, regrettant d'ailleurs de ne pouvoir consigner ici tous les détails qu'il nous serait possible de donner sur quelques-uns d'entr'eux.

Par l'importance de ces établissements, de leur production et du personnel qu'elles emploient, les papeteries de Vidalon occupent un rang distingué parmi celles de notre région, et l'on peut ajouter qu'elles ont été le berceau des fabriques de St-Marcel et de Grosberty dont les fondateurs appartiennent à une souche commune, celle des Montgolfier.

Les papeteries de Vidalon sont situées à moins de deux kilomètres au nord d'Annonay, sur les deux bords de la Deûme, petite rivière qui prend sa source au-dessus de St-Sauveur-en-Rue (Loire) et à laquelle ces usines empruntèrent longtemps la force motrice nécessaire au jeu de leurs appareils de fabrication, qui aujourd'hui sont mûs, en partie, par de puissantes machines à vapeur.

Ces papeteries qui portèrent à partir de 1784 le titre de manufactures royales qui leur avait été accordé par arrêt du conseil du 15 avril de la dite année, sur le rapport de M. de Calonne, furent créées au XVIe siècle par la famille Schelle et portaient alors le nom de *moulins à papier*, commun d'ailleurs à toutes les fabriques de ce genre, à cette époque.

Par le mariage de Raymond et de Michel, fils de Jean Montgolfier, avec les deux filles d'Antoine Schelle, le 14 janvier 1693, ces papeteries devinrent la propriété de la famille Montgolfier, originaire d'Ambert, ville d'Auvergne qui partage avec celle de Thiers, l'honneur d'avoir été le berceau de la papeterie française (1).

Depuis lors, les papeteries de Vidalon ne sont pas sorties de la famille de Montgolfier, car M. Barthélemy Barou de Canson qui fut associé dès le 5 septembre 1796 à la direction de ces fabriques et dont le nom figura dans la raison sociale *Montgolfier-Canson*, à partir du 1er octobre 1801, était lui-même gendre d'Etienne de Montgolfier. M. Seguin. aîné, l'éminent constructeur et inventeur qui acheta ces fabriques le 1er janvier 1861 à la mort de M. Etienne de Canson, fils du précédent, est le petit-fils de Pierre de Montgolfier, et c'est à ses gendres et petits-gendres qu'il a confié la direction de ces usines qui sont exploitées, actuellement, sous la raison sociale Canson-Montgolfier, comme en 1807.

(1) Dans les archives de la province d'Auvergne existent des titres relatant la création dans cette province de papeteries en 1568.

Les papeteries de Vidalon qui déjà en 1777 fabriquaient des produits très-soignés, reçurent successivement des améliorations et des développements qui fixèrent l'attention et méritèrent les encouragements des Etats du Languedoc.

Elles reçurent une illustration plus grande encore de la belle découverte de Joseph de Montgolfier qui, aidé de son plus jeune frère Etienne, réalisa à Vidalon même, les premiers essais de l'aérostation qu'il avait conçue à Avignon. Ces essais furent répétés le 5 juin 1783 devant les Etats du Vivarais sur la place des Cordeliers à Annonay, au lieu où s'élève aujourd'hui une pyramide commémorative, et le 20 septembre de la même année une nouvelle expérience eut lieu avec succès, devant Louis XVI, à Versailles. Les Montgolfier et les Canson firent les plus énergiques efforts pour maintenir et accroître la réputation si méritée de la papeterie d'Annonay et cette industrie leur doit d'utiles améliorations (1).

De nombreuses récompenses sont venues à chaque exposition française ou internationale de l'Industrie

---

(1) La coloration des papiers, le collage à la résine, l'introduction de la machine à fabriquer le papier continu, dite *machine Robert*, sont dus à M. de Canson père. La turbine centrifuge, un alimentateur des chaudières, la pompe d'aspiration qui accélère le travail des machines à papier, sont dus à M. Etienne de Canson, fils.

constater la bonté des produits de cette usine et l'estime dont ils jouissent sur tous les marchés (1).

Nous ferons remarquer en passant que le beau papier sur lequel cet opuscule est imprimé sort de la manufacture de Vidalon.

***

Les papeteries de Faya et de Marmaty peu distantes l'une de l'autre, sont situées comme celles de Vidalon dont elles sont peu éloignées en aval, sur les deux rives de la Deûme, et pour ainsi dire à la porte d'Annonay.

---

(1) A l'exposition universelle de 1855, le chef de cet établissement M. Etienne de Canson était membre du jury international et mixte (X° classe) rapporteur pour la papeterie, et par cela même placé hors concours. Le jury déclarait toutefois que sans cette circonstance il eut été de son devoir de classer au premier rang l'établissement de Vidalon. (Rapports du jury, page 534.)

Cet établissement avait obtenu les médailles d'or aux expositions de l'an ix, de 1803, 1819, 1823, 1833, 1839, 1844, 1849, de 1862 à Londres, et la croix de la Légion d'honneur était décernée en 1831 à M. de Canson père, en 1849 à M. Etienne de Canson son gérant, et le 15 août 1868 à M. Laurent de Montgolfier, qui lui avait succédé au même titre. Le même établissement a obtenu, distinction fort rare comme on le sait, le grand diplôme d'honneur à l'exposition internationale et universelle de Vienne (Autriche) de 1873, et M. Laurent de Montgolfier a été décoré de l'ordre de François-Joseph.

La plus ancienne de ces deux fabriques, celle de Faya, fut créée en 1634 par Barthélemy et Mathieu Johannot frères, originaires d'Ambert, comme les Montgolfier. Ils acquirent pour cet objet, les 24 avril et 26 juin 1634, d'Achille de Gamon, bourgeois d'Annonay, une maison, un moulin à blé, un pigeonnier et curtilage, des prés et une prise d'eau, le tout d'environ 8 ou 9 cartalées et au prix de 2,000 francs, somme dont la modicité paraît fabuleuse si l'on considère la valeur actuelle de ces propriétés.

C'est là que les frères Johannot, ancêtres des propriétaires actuels, construisirent des pilons et une cuve à papier, et cet établissement sur lequel vivait une famille nombreuse, éprouvée par des vicissitudes fréquentes, se développa peu à peu et comptait six cuves, un siècle plus tard.

La fabrique de Marmaty fut créée en 1780 par Mathieu Johannot petit-fils du fondateur de Faya, du même nom, et quatre cylindres et six cuves furent successivement installés dans cette seconde usine. Elle reçut un développement plus considérable par l'intelligente industrie de François Johannot, fils du précédent et qui lui succéda en 1788.

Elle compta au bout de quelques années jusqu'à seize cuves.

Louis et Ferdinand Johannot fils de ce dernier, lui succédèrent en 1830 et deux ans après, époque à laquelle les premières machines à papier continu parurent en France, ils en établirent une, dans chacune de leurs usines, et consacrèrent tous leurs efforts au maintien de l'ancienne et incontestable réputation de leur fabrication.

Dans le principe, chaque machine à papier n'était desservie que par quatre piles de cylindres. Actuellement vingt-deux piles fonctionnent et pendant les basses eaux, sept moteurs à vapeur suppléent à l'insuffisance de la force motrice hydraulique.

Les usines de Faya et de Marmaty appartiennent aujourd'hui à un seul propriétaire, M. Henri Johannot, fils de Louis Johannot, désigné plus haut. Il a pour associés MM. Ferdinand Johannot et de Soras ses parents.

La spécialité de ces papeteries est la fabrication des papiers à lettres, à dessin, à calquer et à registres, ces derniers d'une qualité très-estimée. (1)

(1) Depuis son origine, la maison Johannot a obtenu de nombreuses récompenses aux différentes expositions de l'industrie. En 1760, Mathieu Johannot obtenait une médaille d'or pour un mémoire sur la papeterie, au concours ouvert par l'académie des sciences de Besançon. Une médaille d'or était décernée à Mathieu Johannot en 1784, au concours des arts, de Paris, et en 1802 au

Les papeteries de St-Marcel, situées à six kilomètres d'Annonay, sur la rive droite de la Deûme, et à proximité de la route nationale n° 82, ont été fondées en 1805, par Jean-Baptiste de Montgolfier, l'associé de la maison Montgolfier et Canson de Vidalon, à cette époque.

Chef d'une nombreuse famille, Jean-Baptiste de Montgolfier se détacha de la maison de Vidalon pour créer les usines de St-Marcel, qu'il vint diriger lui-même en 1807, avec le concours de ses fils, qui se sont dès lors succédé dans l'exploitation de ces usines, conservant avec un soin admirable les traditions d'activité, de probité et d'union, que leur avait léguées leur père.

Les papeteries de Grosberty et celle du Pont-de-la-Pierre, qui en dépend, sont situées à trois kilomètres environ d'Annonay, sur les deux rives de la

---

même concours. En 1816, François Johannot fut décoré de la Légion d'honneur.

Aux expositions de 1819, 1854, 1849, la médaille d'or ou le rappel de cette médaille furent décernés aux Johannot qui obtenaient la première médaille à Londres en 1862, la médaille d'argent à Paris en 1867 et une médaille d'or à l'exposition de Lyon, en 1872.

Deûme, à une faible distance de la route nationale n° 82 d'Annonay à St-Etienne, sur laquelle s'ouvre l'avenue de ces fabriques.

Ces usines ont été fondées en 1817 par M. Elie de Montgolfier, et achetées la même année, avant leur achèvement complet, par Jean-Baptiste de Montgolfier fondateur et propriétaire des papeteries de St-Marcel, qui les réunit ainsi à ces dernières, sous la raison sociale : *Montgolfier*.

En 1853, les enfants de Jean-Baptiste de Montgolfier se séparèrent en deux raisons sociales.

Les uns restèrent à la tête des usines de St-Marcel sous la raison : *Montgolfier*, les autres prirent la direction des usines de Grosberty sous la raison sociale *Montgolfier frères*.

Ces derniers fondèrent en 1863 l'usine du Pont-de-la-Pierre et s'adjoignirent la papeterie de Thelly, située près de Bourg-Argental (Loire), à 14 kilomètres environ de Grosberty, papeterie que dirige M. Paul de Montgolfier.

* *

Les papeteries dont nous venons de retracer sommairement les origines et la filiation, fabriquent une grande variété de papiers dont les principales sortes sont, dans l'ordre de leur valeur marchande : le papier à calquer ; le papier parchemin animal et végétal ; le papier à dessin ; le papier photographique ; les papiers à lettre et parcheminés; les papiers de registres ; les papiers de couleur, d'impression, etc., et l'on peut dire toutes les sortes et qualités de papiers que la consommation peut demander, qu'elle qu'en soit la difficulté et la spécialité.

La fabrication des papeteries d'Annonay n'a pas à établir sa réputation. Elle est ancienne, connue, et tient surtout à la bonne qualité des eaux, à la perfection du collage, à la solidité de ses pâtes.

A toutes les grandes expositions industrielles, les premières récompenses sont venues constater et encourager ces excellentes qualités des produits de notre papeterie ardéchoise, qui sont répandus et appréciés sur les marchés du monde entier.

Les usines du canton d'Annonay ont une importance dont on se rendra un compte assez exact lorsque nous aurons fait connaître le chiffre de leur production, de la force motrice qu'elles emploient, du personnel qu'elles occupent, des salaires qu'elles distribuent.

***

PRODUCTION. — Ces papeteries produisent annuellement *trois millions* et demi de kilogrammes de papiers de toutes sortes, d'une valeur moyenne de

128 à 130 francs les 100 kilogrammes représentant à la vente une valeur totale d'environ *cinq millions et demi de francs.*

Cette production absorbe, en chiffons, la quantité de quatre à cinq millions de kilogrammes, car il faut en moyenne de 138 à 140 kilogrammes de chiffons bruts pour produire 100 kilogrammes de papier.

* *

Force motrice. — Cette production considérable ne pourrait être obtenue aujourd'hui avec les seules forces motrices que nos usines empruntaient, dans leurs débuts, au débit de nos cours d'eau, et depuis bien des années déjà, ces industries se sont efforcées à l'envi de suppléer à l'insuffisance et à l'irrégularité de la force motrice hydraulique par des moteurs à vapeur.

Les papeteries du canton d'Annonay emploient actuellement pour la fabrication, une force nominale de *sept cents chevaux-vapeur*, produisant certainement une force effective supérieure à cette force nominale, comme cela a presque toujours lieu.

* *

Personnel-ouvrier. — Pour arriver à produire une feuille de papier, il faut que la matière première, c'est-à-dire le chiffon, subisse une série d'opérations qui se succèdent dans l'ordre et sous les désignations que voici :

Le délissage, — le triage et coupage, — le lessivage, — le déchirage, — le blanchiment, — le lavage, — le raffinage, — la fabrication à la machine ou à la cuve, — le séchage à la vapeur pour les papiers à la machine, à l'air libre pour les papiers à la cuve, — l'apprêt, — le lissage et le façonnage et enfin l'emmagasinage pour la vente et l'expédition.

On comprend bien vite, que ces nombreuses manipulations et opérations nécessitent un personnel nombreux.

La papeterie, en effet, groupe autour d'elle des populations ouvrières toujours considérables, mais elle a sur la plupart des autres industries, le grand avantage d'offrir aux familles ouvrières des travaux appropriés à tous les âges, à toutes les forces, à toutes les aptitudes, et de pouvoir ainsi occuper tous les membres d'une famille, en adoptant à leur égard des dispositions essentiellement bienveillantes et moralisatrices et des organisations que l'on peut appeler patriarcales.

Nulle part peut-être, la question ouvrière n'a été étudiée et résolue avec plus de dévouement et d'intelligence que dans les fabriques à papier, et plus leur population ouvrière est considérable et agglomérée, plus les chefs d'industrie se sont attachés à organiser dans le sein de ces populations intéressantes, les institutions les plus propres à les rendra stables, heureuses, et par conséquent plus attachéee au travail et à l'établissement qui les occupe.

Nous aurions beaucoup de choses à dire, et des plus intéressantes, sur les systèmes d'organisation adoptés dans nos grandes usines, à Vidalon par exemple, pour améliorer le sort des familles de leurs ouvriers, pour organiser l'assistance dans le présent comme dans l'avenir, accroître le salaire par des combinaisons multiples et ingénieuses, propres à exciter le zèle de chacun au profit de tous.

Les directeurs de ces importantes usines n'ont rien négligé pour assurer à la population ouvrière attachée à leur établissement tous les avantages que nous venons d'indiquer.

Nous avons sous les yeux les notices si intéressantes publiées en 1872 et en 1873 par les chefs de la maison de Vidalon, sur l'organisation ouvrière de cet établissement.

Nous y trouvons les meilleures preuves de cette sollicitude pour l'amélioration de la condition morale et matérielle des ouvriers, qui a valu aux chefs de ces usines le grand diplôme d'honneur du septième groupe, décerné dans la séance solennelle du

30 novembre 1872 par le jury international de l'Exposition universelle d'économie domestique, ouverte à Paris le 15 juillet 1872, comme elle avait déjà valu à ces messieurs, le 27 décembre 1868, une médaille d'honneur et une bannière, décernées par la Société de protection des apprentis et des enfants employés dans les manufactures.

Enfin, la même Société décernait, dans la séance solennelle du 5 juillet 1874, une médaille de bronze et une mention honorable à deux employés des papeteries de Vidalon qui avaient secondé avec dévouement les directeurs de cet établissement, dans la bonne organisation et dans la tenue des cours d'adultes qui comprennent deux sections pour les filles, trois pour les garçons. Ces cours, placés comme la plupart des autres institutions ouvrières de Vidalon, sous la direction et la surveillance de M. Léon Rostaing, gendre de M. Laurent de Montgolfier, petit-gendre de M. Marc Seguin, le plus jeune et l'un des plus actifs et des plus intelligents collaborateurs de cette grande et honorable maison, rendent des services éminents à la population ouvrière de Vidalon. Mais s'il a été donné satisfaction aussi complète que possible à l'amélioration morale des ouvriers et de leurs familles par la création de cours d'adultes, d'écoles pour les enfants des deux sexes, d'une bibliothèque admirablement organisée et surveillée, d'un service religieux sagement compris, il a été pourvu avec une intelligence et une sollicitude non moins grandes à l'amélioration des conditions matérielles des auxiliaires de cette industrie, à tous les degrés. Le problême de la participation proportionnelle de l'ouvrier aux bénéfices du patron, a reçu dans une large mesure, la solution qu'il peut comporter dans une pratique prudente et éclairée.

Cette participation s'opère à Vidalon sous diverses formes appropriées à chaque catégorie.

Les employés sont admis à recevoir un intérêt sur l'inventaire ; les contre-maîtres reçoivent un intérêt, partie sur l'inventaire, partie sur la fabrication, et les ouvriers sont intéressés sur la production, sur les économies de déchets, sur l'entretien de quelques-uns des instruments de travail, et enfin ils reçoivent une sorte de haute solde graduée, soit en raison de leur ancienneté dans l'établissement, soit en raison de leur habileté dans le travail.

Pour donner une idée de ce que ces divers modes de participation ajoutent au salaire annuel de quelques-unes des catégories prises au hasard, nous emprunterons les chiffres suivants à la notice récemment publiée sur cette organisation, par la maison Canson-Montgolfier.

En 1860, époque qui précède l'organisation dont

nous venons de parler, un ouvrier d'état, de 1ʳᵉ classe, gagnait, logement compris, 950 francs.

En 1872, il gagnait :

Salaire de l'année	1,248	»
Prime d'ancienneté	200	»
Primes sur la fabrication	199	92
Logement gratuit	65	»
Total	1,712	92

soit une différence en plus de 762 fr. 92 c.

En 1860, un ouvrier d'état de 2ᵉ classe gagnait, logement compris, 800 francs.

En 1872, il recevait :

Salaire de l'année	936	»
Prime d'ancienneté	150	»
Primes sur la fabrication	154	85
Logement gratuit	65	»
Total	1,305	85

soit une différence en plus de 505 fr. 85 c.

Un ouvrier papetier de 1ʳᵉ classe gagnait en 1860, logement compris, 770 francs.

Il recevait en 1872 :

Salaire de l'année	864	»
Prime d'ancienneté	150	»
Primes sur la fabrication	196	32
Logement gratuit	65	»
Total	1,275	32

soit une différence en plus de 505 fr. 32 c.

Un ouvrier papetier de 2ᵉ classe gagnait en 1860, logement compris 580 francs.

En 1872, il recevait :

Salaire de l'année..................	720	»
Prime d'ancienneté.................	40	»
Primes sur la fabrication............	162	40
Logement gratuit...................	60	»
Total...........	982	40

soit une différence en plus de 402 francs.

Un homme de peine gagnait en 1860, logement compris, 460 francs.

En 1872, il recevait :

Salaire de l'année..................	514	80
Prime d'ancienneté.................	20	»
Primes sur la fabrication............	81	20
Logement gratuit...................	60	»
Total.........	676	»

soit une différence en plus de 216 francs.

D'où il résulte que les salaires ont reçu une élévation annuelle de 5 % de 1860 à 1872, par l'application des combinaisons nouvelles de rémunération que la maison de Vidalon n'a pas craint d'adopter en faveur de son personnel, dans les conditions que nous avons exposées plus haut.

A cette large et libérale amélioration des salaires, s'ajoutent les avantages non moins appréciables des magasins d'approvisionnement établis dans les usines, des secours fournis par une société de Secours Mutuels fonctionnant admirablement au sein de cette population spéciale, et enfin, les rétributions qui résultent des heures supplémentaires de travail, les gratifications allouées assez fréquemment pour diverses causes, telles qu'une fabrication irréprochable, des réparations bien et vite faites.

Ces divers avantages ne sont point compris dans le décompte des salaires que nous avons tenu à mettre sous les yeux du lecteur, dans les précédents exemples, et ils viennent cependant accroître, dans une certaine proportion, le bien-être de l'ouvrier et favoriser l'épargne, s'il en a le goût et la volonté.

Les principes adoptés par les directeurs des usines de Vidalon, en ce qui touche au régime des salaires, ont été appliqués sous des formes et dans des proportions variées, par les établissements analogues et par de grandes industries en France.

Les industries alsaciennes ont donné en cela les plus généreux exemples et nulle part peut-être, les institutions ouvrières n'ont reçu de plus larges et plus complets développements. Mais nous ne sommes pas moins heureux de constater, dans notre département, des efforts aussi intelligents, des résultats aussi satisfaisants, dans une voie économique qui effraye encore tant d'esprits timides ou étroits et qui doit cependant conduire, nous en avons la conviction, à la solution du redoutable problème social et industriel qu'on peut formuler ainsi : l'alliance féconde, sincère, du capital et du travail.

Nous dirons maintenant, que les fabriques dont nous nous occupons emploient, ensemble, *quatorze cents ouvriers* salariés qui, avec leurs familles, représentent bien dix-huit cents personnes vivant autour de ces fabriques et du travail qu'elles procurent.

Dans ce nombre, les usines de Vidalon occupent à elles seules huit cents personnes qui s'élèvent à onze cents avec les membres de leur famille non occupés, mais vivant auprès d'elles et par elles.

**

SALAIRES. — Les salaires distribués annuellement par les papeteries d'Annonay à leurs ouvriers seulement, s'élèvent au chiffre de *sept cent mille francs*.

**

Il nous reste à parler des papeteries du canton d'Aubenas dont l'origine et l'importance sont dignes d'intéresser nos lecteurs.

Les papeteries du canton d'Aubenas (arrondissement de Privas) sont au nombre de trois, savoir :

1° Une fabrique de papier blanc, située au Pont-d'Aubenas, et renfermant une seule machine à papier.

Cette machine peut fabriquer des papiers de 1 mètre 35 centimètres de largeur, et est desservie par 13 piles ou cylindres.

Ces appareils de fabrication et leurs accessoires sont mis en mouvement par une force motrice hydraulique évaluée à 60 chevaux au minimum, et partagée entre deux turbines d'égale force dont l'une fait mouvoir les piles et l'autre la machine.

On estime généralement qu'une forte machine à papier exige pour son travail complet, et pour une production annuelle de 400,000 kilogrammes de papier, une force de 80 chevaux et un personnel d'une centaine d'ouvriers, hommes, femmes, et enfants.

Il est donc permis de conclure que l'usine du Pont-d'Aubenas occupe à peu près ce personnel et atteint une production de 300,000 kilogrammes environ.

Une machine à vapeur de la force de 30 chevaux supplée en été à la force motrice hydraulique en déficit.

2° Une fabrique de papiers blancs et coloriés située au lieu de Malpas, commune de la Bégude, et qui renferme trois machines à papier.

Ces machines ont une largeur de 1 m. 35 et sont desservies par 31 piles. Ces appareils de fabrication sont mis en mouvement ainsi que leurs accessoires, c'est-à-dire les machines à couper, les raffineuses et broyeuses, par une force motrice totale d'environ 140 à 150 chevaux, fournie par les eaux de l'Ardèche amenées dans un canal de 4 mètres de largeur et d'un débit moyen d'environ 1550 mètres cubes par seconde, avec une chute de 6 mètres.

Dans cette force nous comprenons celle fournie à l'usine par une turbine dont le rendement peut être évalué à 40 chevaux au moins.

D'après ces divers éléments, nous croyons pouvoir évaluer à treize ou quatorze cents mille kilogrammes de papier, la production annuelle des deux usines que nous venons de mentionner, au Pont et à la Bégude, et qui appartiennent aujourd'hui à MM. François-Jean-Auguste et Valéry Verny, ou aux héritiers de ces deux associés.

La valeur de cette production annuelle nous semble pouvoir être estimée à quinze ou seize cents mille francs, en prenant pour base le prix de 128 à 130 francs les cent kilogrammes.

Quant au personnel ouvrier, nous ne le croyons pas inférieur à quatre cents individus des deux sexes et de tous âges.

Ces deux établissements ont été fondés par M. Auguste Verny, le premier vers 1825, le second quelques années plus tard. Ils sont mûs l'un et l'autre par les eaux de l'Ardèche dont l'insuffisance, en été, a nécessité l'installation de moteurs à vapeur.

L'usine de Malpas, placée sur le bord de la grande route d'Aubenas au Pont de la Beaume, et à une certaine distance de l'Ardèche, dont les eaux torrentielles s'élèvent parfois à un niveau élevé, emprunte comme on l'a vu par les indications qui précèdent une force motrice assez importante à ses eaux, au moyen d'une transmission par câble métallique qui s'opère à trois cents mètres de distance.

C'est là une application que nous croyons unique dans notre département et dont nous ne connaissons d'autre exemple autour de nous, qu'aux importantes fabriques de foulards de Saint-Julien-Molin-Molette (Loire), créées par feu M. Corompt et dirigées aujourd'hui par ses héritiers.

La troisième fabrique de papier de la vallée de l'Ardèche, est celle de MM. François-Xavier et Ferdinand Villard, associés pour son exploitation.

Cette usine, moins importante que les précédentes, par la nature de ses produits, par son outillage et par son personnel, est située sur la rive gauche de l'Ardèche, sur le territoire de la commune de Nieigles, et se relie par une passerelle en bois à la grande route d'Aubenas au pont de Labeaume, sur la rive droite. Elle se compose d'une machine à papier de 1 m. 30, et de 4 machines à triturer la paille. Le papier fabriqué avec cette matière et destiné au pliage et à l'emballage, est la production spéciale de cet établissement.

Les machines à triturer la paille fonctionnent au 1er étage du bâtiment dont le rez-de-chaussée est occupé par la machine à fabriquer et à sécher le papier.

Ces divers appareils sont mûs par une force motrice hydraulique de 5 chevaux environ, produite par une dérivation de l'Ardèche qui s'opère à 150 mètres de l'usine, débite 200 litres par seconde, et fait mouvoir une roue à augets de 3 mètres de diamètre.

Ces papeteries de la vallée de l'Ardèche occupent à l'époque actuelle environ cinq cents personnes, mais nous ne connaissons pas exactement l'importance de leur fabrication.

Quant à la qualité des produits des deux premières usines, qui consistent principalement en papiers blancs d'encartage pour les soieries, en papiers d'impression et d'affiches et en papiers à écrire, l'on peut dire que toutes les spécialités qui exigent de la blancheur et de l'éclat sont exceptionnellement traitées par les usines du Pont d'Aubenas et de Malpas.

Les eaux de l'Ardèche qui viennent des hauteurs du col de la Chavade, coulent constamment sur un lit très-accidenté, dénudé sur ses rives, et dont le fond et les berges souvent très-escarpées, consistent en roches basaltiques et en roches granitiques qui se désagrègent difficilement, et subissent un lavage naturel.

Ces eaux sont par conséquent d'une pureté et d'une limpidité remarquables. Elles facilitent beaucoup le blanchiment des chiffons et donnent à la pâte du papier une blancheur éclatante, qui est le caractère distinctif des produits des fabriques de la vallée de l'Ardèche.

Ce n'est cependant que depuis 1825 que la papeterie a pris quelqu'importance dans cette région où n'existait antérieurement qu'une fabrique de papier à la cuve.

Ainsi, les usines de MM. Verny, au Pont-d'Aubenas, se sont substituées vers cette époque à une fabrique de draps, créée vers le milieu du xviii° siècle, par les Etats du Languedoc, qui s'étaient proposés pour but d'introduire et d'encourager dans nos montagnes la fabrication du drap de pays.

Cette industrie ainsi éparpillée dans les moindres villages trouvait dans l'établissement d'Aubenas, un centre d'approvisionnement pour les laines, des foulons où s'achevait la fabrication et d'où les produits s'expédiaient pour la vente, dans le Levant et sur bien d'autres marchés.

Vers la fin du xviiie siècle, les Etats du Languedoc qui jusque-là avaient exploité cet établissement sous forme de régie ou de ferme subventionnée, se déterminèrent à le mettre en vente.

Un membre de la famille Ruelle, si honorablement connue de nos jours encore, à Aubenas, s'en rendit adjudicataire, croyons-nous, et en remit la direction à l'un de ses alliés, M. Mathieu Verny qui, avec son frère aîné, avait depuis longtemps, et peut-être même dès l'origine de cette petite manufacture, concouru à son exploitation.

∗ ∗

Nous ne voulons pas terminer cette notice sans dire un mot des produits si divers que fournit la fabrication du papier, et des matières également très-variées qu'elle emploie ou peut employer à cette fabrication, en dehors du chiffon qui en est l'élément fondamental le plus estimé.

La fabrication du papier fournit aujourd'hui aux besoins les plus variés et les plus étendus, sans être encore arrivée cependant, sous ce rapport, à l'universalité des emplois auxquels pourvoit cette fabrication aux Etats-Unis, en Chine et au Japon, pays dans lesquels les vêtements, les étoffes et beaucoup de meubles très-usuels, sont confectionnés avec du papier ou des préparations qui en dérivent.

En France, la papeterie fournit des papiers pour l'écriture, le dessin, l'impression, la gravure ; elle fabrique des papiers destinés à l'impression des billets de banque, au timbre, aux effets de commerce, aux titres industriels, aux imprimés si variés des chemins de fer et des compagnies industrielles ou financières, à la photographie.

Les papiers de tenture unis ou peints, les papiers à calquer, les papiers de couleur pour affiches, couvertures de brochures, les papiers *buvards,* les papiers *serpente*, pour fleurs artificielles, les papiers *corde* en rouleaux pour magnaneries ; les papiers à filtrer, à emballer, à encarter les soieries ou les autres tissus, à plier les aiguilles, à envelopper les gargousses, à faire les livrets de batteurs d'or, le papier à cigarettes, le papier à envelopper le sucre, le papier goudronné servant au pliage, à l'emballage ou à la couverture des toits, le papier à manchettes et à faux-cols, constituent comme on peut le voir des variétés très-grandes dans la fabrication.

L'on peut même y ajouter la fabrication qui s'y rapporte le plus immédiatement, quoique fournissant des produits d'une perfection moindre et n'employant que des matières moins pures et bien inférieures, nous voulons dire la fabrication des cartons et produits analogues, tels que le papier de paille, de corde, les cartons fins et grossiers dont la série de types et d'emplois est également fort étendue.

On comprend bien vite que pour fournir à des emplois si nombreux, à des qualités si différentes, on a pu et dû avoir recours à des matériaux de qualités très-diverses aussi.

En outre, les développements que la consommation du papier a pris depuis plus d'un quart de siècle ont été si grands que la fabrication n'aurait jamais pu pourvoir à ces besoins croissants, avec la seule alimentation qu'elle pouvait tirer des chiffons de coton ou du fil, et même des vieux papiers.

La fabrication du papier a dû rechercher dans le règne végétal des succédanés à cette source de production.

La mécanique et la chimie ont fourni des procédés nouveaux et ingénieux pour la solution de ce problème. La paille et les diverses matières fibreuses végétales qui, sous le nom commun de *sparte*, ont été introduites utilement dans la fabrication du papier, ont fourni et fournissent un contingent important d'alimentation à cette fabrication.

L'Espagne et l'Algérie sont les principales sources de production du sparte, dont l'Angleterre absorbe à elle seule des quantités de plus en plus considérables depuis plus de dix ans.

Elle en employait :

En 1862   759 tonnes.
    1863 18,074   —
    1866 66,913   —

ainsi que le constatait M. Michel Chevalier, dans son introduction aux rapports du jury international de l'exposition universelle de Paris de 1867.

La papeterie française qui trouve dans la paille une matière première toujours abondante sur nos marchés et sans frais de transport aussi considérables que ceux qui pèsent sur le *sparte* venant d'Espagne ou d'Afrique, a dû faire une part plus large à l'emploi de la paille et à d'autres produits indigènes, et n'a employé, qu'en faible quantité, les matières fibreuses exotiques qui peuvent entrer cependant dans la fabrication des beaux papiers.

Mais le *sparte* est relativement encore une matière de luxe, à laquelle on a cherché des congénères indigènes et à bon marché. On a fait des pâtes à papiers avec des tiges de genets, de topinambours, d'asphodèles, etc., et ces succédanés étaient depuis longtemps prévus et expérimentés.

L'*encyclopédie* de 1778, indique comme ayant été essayées en pâtes à papier, les filasses d'aloës, d'ananas, de palmier, d'ortie, le duvet des chardons et de l'*apocin (asclepias syriaca)* si abondant dans les îles sablonneuses et les délaissés du Rhône, en face de Serrières, à St-Rambert-d'Albon, etc.

Comme on le voit, les principaux éléments du sparte et des succédanés étaient connus déjà. L'on savait aussi que la fabrication du papier si ancienne en Chine et au Japon, employait l'écorce du mûrier, *(Broussonetia papyrifera)* du bambou, de certaines espèces d'orties, du duvet du cotonnier, etc. Mais la chimie et la mécanique n'avaient pas encore pu fournir à l'industrie du papier, ces procédés et ces appareils de lessivage, de blanchiment et de trituration, qui permettent aujourd'hui à la papeterie, l'emploi de quelques matières nouvelles (1) réduisent notablement les proportions de chiffons de fil ou de coton dans les pâtes, et fournissent des combinaisons nombreuses et variées, dans le mélange des matériaux pouvant donner du papier de qualités très-diverses aussi.

Nous avons hâte de dire toutefois, que nos belles et excellentes fabriques à papier de l'Ardèche, n'ont pas cru devoir introduire jusqu'à présent l'emploi de ces succédanés dans leur fabrication.

Elles ont tenu à conserver à leurs pâtes, la pureté et la consistance qui font leur principale répu-

(1) La paille et le bois principalement.

tation, et si quelques tentatives de ce genre ont été faites, ce n'a jamais été qu'exceptionnellement, dans des proportions très-faibles, et pour répondre à des emplois déterminés, réclamés par la consommation elle-même.

Ce n'est point à dire pour cela, que nos fabriques ne soient pas obligées dans un temps plus ou moins prochain, d'avoir recours à ces matériaux secondaires.

Le régime économique et douanier récemment inauguré, menace de favoriser le vide déjà très-sensible et vraiment désastreux qui se produit sur le marché des chiffons, par le fait de la concurrence étrangère, qui arrive à pouvoir payer plus cher, ces matières premières, en vendant leurs produits fabriqués à meilleur marché ou à prix égal, parce qu'elle n'a pas les mêmes charges à supporter à l'intérieur ou en douane.

L'intérêt de l'Etat est à coup sûr de favoriser les industries nationales, d'en développer la production, d'en encourager l'activité.

Or, toute entrave fiscale ou douanière imposée à l'industrie atteint le but contraire.

Aussi, la papeterie française n'envisage-t-elle pas sans crainte les résultats que doivent produire sur elle les impôts qui frappent le papier assez lourdement, et les conditions douanières créées par les lois et les traités internationaux récemment promulgués.

Il y a là, pour elle, une source de déboires et des causes menaçantes d'infériorité, dans la lutte économique qu'elle est appelée à soutenir désormais, et pour laquelle elle ne néglige cependant aucun effort, aucune ressource de l'intelligence et de la science.

LA MÉGISSERIE

Dans l'Ardèche, l'industrie de la mégisserie est aujourd'hui entièrement centralisée à Annonay, chef-lieu de canton de l'arrondissement de Tournon et ville la plus populeuse du département. Annonay et Milhau, dans l'Aveyron, sont les centres les plus importants de l'industrie mégissière.

Les origines de la mégisserie proprement dite, sont peu connues. Elles se confondent avec celles de la parcheminerie, et de la tannerie qui se sont succédées à Annonay depuis l'époque la plus reculée et selon la tradition, depuis les deux dernières croisades (treizième siècle).

Des croisés revenant de captivité avaient rapporté en France les procédés de fabrication du parchemin, si répandue en Orient, puisque c'est de Pergame, ville de la Myzie et capitale du royaume du même nom, que le parchemin tire son nom *(Pergamena charta)* et où sa fabrication fut encouragée et perfectionnée dès le troisième siècle avant notre ère.

Comme on le voit, le parchemin qui servit si longtemps aux mêmes usages que le papier, le précéda et lui survécut, partage avec lui les honneurs de la même légende.

Quoiqu'il en soit de ces origines obscures sur lesquelles nous ne pouvons nous appesantir, la mégisserie a succédé à Annonay à la tannerie, qui elle-même s'était substituée à peu près complètement à la parcheminerie depuis assez longtemps.

Nous ferons toutefois remarquer, que les opérations de la parcheminerie qui s'appliquent comme celles de la mégisserie aux peaux de chevreau, de chèvre, d'agneau ou de mouton, et aux peaux de veaux très-jeunes, pour la fabrication des *velins*, ont avec ces dernières une analogie très-grande.

Ainsi, aux seizième, dix-septième et dix-huitième siècles, les parcheminiers ne recevaient leurs parchemins qu'en *cosse* ou en *croûte*, par bottes de trois douzaines, et préparées par les mégissiers seuls, pour tout ce qu'on appelait le *travail à mouiller*.

Le parcheminier ne faisait que le surplus du

travail, sur la *peau sèche* et déjà suffisamment préparée, et ce travail qui consistait à *raturer* et *poncer* la peau, de façon à lui donner cette finesse, cette transparence, ce poli du parchemin, et à le rogner suivant les divers formats usités, suffisait à l'industrie du parcheminier et demandait beaucoup d'habileté de main.

De ces circonstances on pourrait conclure, non sans raison, que la mégisserie et la parcheminerie ont pu exister simultanément à Annonay, et qu'elles procèdent naturellement l'une de l'autre, par une simple transformation des besoins d'une époque.

Ce que l'on sait mieux, c'est que dès le dix-huitième siècle il existait à Annonay des fabricants mégissiers de vieille souche, dont les noms sont encore dans la mémoire de la génération actuelle, et dont les familles sont encore représentées parmi nous.

Les Malgontier et Giraud, les Montagnon, les Gris, les Lesty, les Ribes, les Tavernier, les Fournat et les Charmant, sont les prédécesseurs des deux générations de mégissiers qui ont maintenu ou maintiennent de nos jours la vieille et honorable réputation de la mégisserie annonéenne, et parmi lesquels nous citerons Messieurs Rouveure, Lioud, Johannard, Escomel, Tracol, Paret, Franc, Giraud, Nova, etc., etc.

* *

La mégisserie consiste à transformer les peaux brutes de chevreaux, d'agneaux, de chêvres ou de moutons, en peaux blanches, souples, susceptibles de recevoir la teinture et de subir des façons soit pour fabriquer des gants, soit pour monter des chaussures soit pour quelques autres usages spéciaux.

A cet effet, les peaux brutes ou en poil, subissent les opérations suivantes, dites *travail de rivière* :

1° La *trempe*, qui consiste à faire tremper les peaux préalablement mouillées et ramollies à l'eau de rivière, dans un bain de lait de chaux, pendant un temps qui varie de 12 à 15 jours en été, de 18 à 20 jours en hiver, pour les peaux destinées à la ganterie, et de 20 jours en été, 30 jours en hiver, pour les peaux qui doivent être employées à la chaussure.

2° Le *dépoilage* ou débourrage, qui s'opère sur un chevalet, avec un couteau long, légèrement cintré, qu'on nomme *couteau de fleur*, parce qu'il prépare le dos de la peau ou fleur, c'est-à-dire le côté du poil, qui est le plus fin, le plus uni et forme la face extérieure des gants glacés.

La peau modifiée par l'effet du bain de chaux, se dépile alors facilement sous le travail du couteau qui la racle vigoureusement.

3° Le *décharnage*, opération qui se pratique sur le côté opposé, c'est-à-dire sur la face intérieure de la peau ou *chair*, et consiste à enlever avec un couteau dit *de chair* toutes les parties charnues, graisseuses ou gélatineuses qui peuvent y adhérer, et le *rognage* qui consiste à enlever les parties de peau inutiles, mutilées ou trop irrégulières, et dont on fait de la colle, ainsi que nous le dirons plus loin.

Après ces opérations préliminaires, les peaux reçoivent par la main des mêmes ouvriers et avec les mêmes outils, de 6 à 12 façons, selon la nature des peaux, et cela alternativement sur les deux faces *fleur* et *chair*. Ce travail a pour but de nettoyer la peau, de la faire *dégorger* et de *rompre le nerf*.

Entre chaque opération, les peaux sont *foulées* dans de l'eau bien claire et subissent un lavage consciencieux. Après la dernière opération de cette nature, on met les peaux dans une *lessive aigre* ou *confit*, composée d'eau de son fermentée et chauffée. Cette opération ne dure que quelques heures en été (24 heures) et se prolonge pendant plusieurs jours en hiver, les fermentations étant alors plus lentes.

Les peaux sont ensuite *habillées*.

L'*habillage* consiste dans un mélange de farine, de jaunes d'œufs, de sel et d'alun. On y plonge les peaux, on les remue, on les pétrit pour ainsi dire dans ce mélange pendant une heure,

Dans quelques fabriques, ce travail se fait comme autrefois avec les pieds. Dans quelques autres, on a adopté pour ce travail un appareil dit *Turbulent*, qui fait la besogne des ouvriers. On laisse les peaux séjourner de 12 à 18 heures dans cette pâte.

Lorsqu'on les sort de là, on les monte aux *étendages* qui, placés au sommet des fabriques, se composent de perches et peuvent être poussés sur des galets, en dehors des maisons, afin d'être mieux aérés en été et lorsque le temps est beau. Lorsque le temps est menaçant et le vent trop violent ou l'air froid, on ramène les étendages sous la toiture, et l'on rabat les lames des persiennes qui ferment ces greniers. En hiver, la plupart des fabriques mettent les peaux dans un étendage fermé, chauffé soit par la vapeur, soit par un calorifère.

De là, les peaux humectées légèrement avec de l'eau, passent au travail du *palisson*.

Elles subissent deux préparations, l'une au *palisson mou* pour les ouvrir, enlever les résidus de pâte de l'habillage et les *effleurer* ; l'autre au *palisson ardent* ou *tranchant* où on les fait passer avec une grande habileté sur une large lame arrondie, mince et tranchante, plantée verticalement sur un banc et au moyen de laquelle le *palissonneur* enlève tout ce qui reste d'inutile, d'imparfait et de rugueux, du côté de *la chair*.

Après cela les peaux sont triées, assorties par taille et par qualité, repassées une troisième fois au palisson ardent pour être étirées en *long et en large*, puis on les assortit par paquets conformes de trois douzaines, roulées et ficelées, et elles forment ainsi une *botte* ou paquet de 36 peaux, prêtes pour la vente.

* *
*

L'industrie de la mégisserie d'Annonay produit annuellement *huit millions* de peaux, représentant une valeur à la vente de 25 à 30 millions de francs. Mais il serait impossible d'établir une moyenne de la valeur de la peau brute car le prix de cette matière première varie considérablement.

Pour le démontrer, nous dirons qu'une douzaine de peaux peut valoir depuis 60 jusqu'à 80 francs, selon la qualité et la taille.

Cette production est absorbée par les fabriques de gants de Paris, Grenoble, Chaumont, Milhau, Niort, Lunéville, le Mans, et par la fabrication étrangère, sans que nous puissions déterminer assez exactement cette répartition. Il fut une époque où Annonay comme Milhau sa rivale, exportaient la plus grande partie sinon la totalité de leur fabrication, à la faveur d'un droit de sortie très-faible. Ce fut vers les dernières années du xviiie siècle, alors que la ganterie, dont l'établissement à l'étranger avait été favorisé soit par l'émigration de nos industries à la suite de la révocation de l'édit de Nantes, soit aussi par les besoins croissants de la consommation du gant, offrait des débouchés importants et lucratifs à la mégisserie. Cette industrie qui, à Annonay comme à Milhau, avait jusque-là limité sa production, et l'avait pour ainsi dire mesurée aux besoins de la ganterie grenobloise qu'elle alimentait à peu près exclusivement, donna un plus grand essor à sa fabrication et travailla pour la ganterie allemande et la ganterie anglaise, qui faisaient ainsi payer fort cher à la ganterie française les peaux mégissées, dont celle-ci avait besoin. Sur les plaintes très-vives formulées alors par la ganterie grenobloise, relativement à cet état de choses, un arrêt du Conseil du 13 avril 1786 éleva les droits de sortie des peaux mégissées, et abaissa ceux des gants qui ne pouvaient soutenir la concurrence des gants fabriqués à l'étranger avec des peaux enlevées à nos marchés et à nos propres fabriques.

Mais cet arrêt, contre lequel la mégisserie annonéenne protesta vigoureusement fut rapporté deux ans plus tard (24 septembre 1788). En 1803, l'exportation des peaux d'Annonay prit un tel développement qu'elle détermina dans la ganterie une crise douloureuse et que l'industrie grenobloise se vit privée totalement des matières premières nécessaires à sa fabrication, et vit sa population ouvrière réduite à la plus grande misère (1).

La ganterie française qui date du milieu du xvie siècle, mais qui ne prit une réelle importance que depuis les heureuses améliorations et les intelligentes applications apportées à cette industrie par Jouvin, vers 1836 surtout, a offert dès-lors des débouchés plus importants, plus assurés, à la mégisserie de nos contrées. La ganterie parisienne a, de son côté, pris une grande extension et toutes ces fabriques ont créé des besoins auxquels il a fallu répondre. Annonay a dû y satisfaire pour une bonne part.

On se rendra compte, en effet, des besoins que nous venons d'indiquer, lorsque nous dirons qu'en 1849, Paris fabriquait pour 16 millions de gants, Grenoble pour 10 millions et d'autres villes, telles que Chaumont, Lunéville, Niort, Milhau, le Mans, etc..., pour pareille somme environ, soit, une production de 36 millions de gants qui dépasse aujourd'hui 50 millions et défie toute concurrence.

La valeur de la peau entre pour une forte part, dans le prix de la paire de gants puisque une dou-

(1) Ces renseignements sont empruntés par nous à la notice que M. Ed. Rey, de Grenoble, a publiée en 1868, sur Xavier Jouvin, et qu'il voulut bien nous adresser à cette époque.

zaine de peaux mégissées, pouvant donner jusqu'à dix-huit paires de gants, vaut déjà de 60 à 80 fr.

* *

Depuis cinquante ans environ la mégisserie annonéenne s'approvisionne de peaux provenant de toutes les parties du monde, tandis qu'à son origine elle ne fabriquait que des peaux de France et même d'une région assez limitée autour de son centre de fabrication. On vendait alors péniblement 12 et 13 francs la douzaine de peaux mégissées qui vaut aujourd'hui jusqu'à 80 francs !

Les provenances les plus estimées après celles de France ou *peaux de pays*, sont celles de la Lombardie, du Piémont, de la Suisse, du Tyrol, de l'Allemagne, pour la ganterie.

La Turquie et les provinces Danubiennes produisent pour la chaussure, des peaux de chevreaux très-belles et provenant de chevreaux qui ont déjà été au pâturage.

* *

L'industrie de la mégisserie, emploie depuis quelques années à Annonay, et dans les conditions ordinaires d'activité, environ deux mille ouvriers, qui se divisent en trois catégories, savoir :

Les *ouvriers de rivière*, dont les salaires sont de

18 à 24 francs par semaine pour un travail de dix heures (1).

Les *ouvriers de palisson*, ou palissonneurs, qui gagnent de 25 à 30 francs par semaine pour dix heures de travail journalier.

Enfin, les *apprentis*, qui sans aucun stage, gagnent dans la première année 1 fr. 50 par jour.

Il y a déjà loin de ces salaires à ceux que donnait la mégisserie il y a cinquante ans, par exemple. En 1822, époque à laquelle on ne comptait guère à Annonay que trois cents ouvriers mégissiers, un bon ouvrier de rivière gagnait 1 fr. 50 par jour pour onze heures de travail, et un contre-maître 1 fr. 60, avec une nourriture assez maigre et peu ou point de vin. Les palissonneurs étaient payés de 2 fr. 50 à 3 francs par douze douzaines de peaux, tandis que le prix moyen du même travail est aujourd'hui de 8 fr. 50 à 9 francs.

Autrefois aussi, les apprentis payaient environ trois cents francs par an aux patrons, en s'engageant pour deux ans et ils étaient nourris chez le patron. Aujourd'hui ils ne sont plus nourris, ne s'engagent que pour un an, mais ils reçoivent en entrant 1 fr. 50 par jour.

(1) Un ouvrier fabrique en moyenne six douzaines de peau par semaine, achevées, en établissant cette moyenne sur le travail de rivière et de palisson.

Quant aux apprentis de palisson, ils traitent directement avec les ouvriers palissonneurs qui se chargent de leur apprentissage.

Comme on le voit par ces indications, la situation des ouvriers mégissiers s'est notablement améliorée et si toutes les choses nécessaires à la vie ont enchéri, les salaires ne sont point restés stationnaires et ont suivi ce mouvement.

Aussi les grèves sont-elles devenues rares dans la mégisserie annonéenne, et les patrons ont souvent fait, de leur côté, dans plus d'une circonstance critique, de louables efforts et de généreux sacrifices pour conserver au personnel de leurs ateliers un travail qui devait atténuer, dans une certaine mesure, les effets des crises industrielles ou commerciales dont patrons et ouvriers devaient souffrir plus ou moins cruellement.

Dans les circonstances les plus difficiles que la mégisserie a eu à traverser, et où la fabrication a dû se ralentir forcément, les chômages ont été partiels, et les patrons n'ont eu recours qu'avec la plus grande prudence, et avec une bienveillance que nous sommes heureux de constater, aux réductions de journées ou de personnel. Les chefs de famille, les ouvriers nécessiteux et rangés ont eu plus rarement encore à souffrir de ces mesures pénibles pour tous.

*
* *

La fabrication elle-même a fait de sensibles progrès depuis quarante ans environ, et de nombreuses améliorations de détail se sont peu à peu introduites soit dans les procédés de fabrication, soit dans l'aménagement des ateliers et la construction des fabriques.

Les machines à vapeur ont été appliquées aux mégisseries et elles servent dans plusieurs fabriques à faire mouvoir les appareils qui foulent les peaux, les broyent et les habillent, et dans quelques autres, on emploie des monte-charge, mûs par la vapeur et qui épargnent aux ouvriers le transport fatiguant des fardeaux aux différents étages de la fabrique. Enfin, la vapeur des générateurs est utilisée partout pour chauffer les eaux, les *confits*, et les divers bains qui, autrefois, étaient chauffés au moyen de cylindres en cuivre et au charbon de bois.

Ces améliorations successives adoptées par nos principaux fabricants ont puissamment concouru avec la création du barrage de Ternay et le service de ses eaux excellentes et limpides, à soutenir la réputation de notre industrie mégissière, longtemps sans rivale en France et en Europe. Ajoutons pour être exact, que les habitudes industrielles de nos fabricants ont contribué pour une large part à ce résultat.

A Annonay, le fabricant mégissier est tout entier à son affaire ; il vit de la vie active et laborieuse de ses ouvriers, se mêle constamment à eux dans les ateliers, dirige et surveille la fabrication, et ne laisse que fort peu de besogne aux intermédiaires. Il a mis la *main à la pâte*, comme ouvrier, et comme patron, quelle que fortune qu'il ait acquise, il continue à y mettre la main, et en plein travail, on aurait de la peine à distinguer le patron en sabots, en habit enfariné et moucheté de chaux, du contre-maître et de l'ouvrier.

**
* **

La fabrication des peaux en mégie, produit des déchets, des débris ou issues de fabrication qui ont une valeur et sont aujourd'hui utilisés par différentes industries.

Les poils qui sont enlevés par le *dépoilage* ou débourrage, sont triés par couleur et vendus par balles de 80 à 120 kilogrammes à raison de 120 à 160 francs les 100 kilogrammes les blancs, et les gris de 50 à 60 francs les 100 kilogrammes. Les noirs, peu abondants d'ailleurs, valent 10 francs de moins par 100 kilogrammes.

Les poils blancs servent à faire des couvertures, des limousines, des chapeaux de feutre, etc.

Les fabriques de Cours (Rhône), celles de Roanne, etc., et l'Angleterre surtout, demandent et emploient la plus grande quantité de ces bourres de chevreau.

Les laines sont de même triées et vendues.

La production de ces deux résidus de la fabrication, s'élève annuellement, à Annonay, de huit cent mille à un million de kilogrammes, soit une valeur de sept à huit cent mille francs environ.

*
* *

Les œufs jouent un certain rôle dans la mégisserie comme on a pu le voir à l'*habillage*, dans lequel entrent les jaunes d'œu s.

La mégisserie consomme annuellement de *dix à douze millions d'œufs* (1).

Mais elle n'emploie que le *jaune*, et les *blancs* seraient encore perdus, jetés à la rivière, donnés aux bestiaux, ou livrés à deux sous le litre, comme cela avait lieu il y a trente ans, si la chimie industrielle n'avait trouvé les moyens d'utiliser ces résidus. C'est ce qui a lieu depuis 1842 environ.

Les blancs d'œufs, sont achetés par des fabricants

---

(1) Un cent de jaunes d'œuf pèse 1 kil. 700 gr.

d'albumine qui sont aujourd'hui au nombre de 5 à 6 à Annonay et qui, avec ces blancs, préparent de l'albumine sèche qui est employée par les fabricants de cotonnades imprimées.

Il faut sept litres de blancs frais, pour produire un kilogramme d'albumine qui vaut environ de 2 fr. 50 à 3 fr.

La chair et la colle, qui sont le produit du rognage des peaux et des diverses façons de rivières se vendent aux fabriques de colle établies à Annonay et qui ont pris un grand développement en fabricant bien. Ces débris se vendent *frais* à raison de 3 fr. 50 les trente kilogrammes pour les chair et colle de chevreau.

Les mêmes débris d'agneau valent cinquante centimes de moins, pour la même quantité.

Enfin le *parun*, qui est formé des débris secs du *palissonnage*, et contient de la peau, de la farine, de l'alun, de l'œuf, du sel, c'est-à-dire les résidus de l'*habillage*, se vend à Annonay et au dehors, aux papeteries, aux cartonniers, aux fabricants de toiles, et une bonne partie est consommée sur place pour la nourriture des porcs, des volailles et d'autres animaux qui en sont friands, après quelques jours d'hésitation.

Le *parun* vaut de 15 à 25 francs les 100 kilogrammes. Son prix est réglé sur celui des farines, c'est-à-dire qu'il subit les variations des cours de cette denrée.

* *
*

Tels sont les renseignements qui nous ont paru de nature à intéresser le public étranger à cette industrie, pour lequel des détails plus minutieux sur les opérations de la mégisserie seraient fastidieux. Nous aurions voulu dire quelques mots de l'industrie non moins intéressante de la ganterie qui succède immédiatement à la mégisserie dans la manutention des peaux, et leur donne l'un des emplois les plus connus et les plus répandus, dans l'état actuel de notre civilisation.

Mais l'industrie de la ganterie n'a pas reçu de développement dans notre département où elle n'existe qu'à l'état d'industrie fort restreinte, et presque domestique, entre les mains d'une famille ou deux dont la clientèle est à peu près exclusivement locale.

Des tentatives ont été faites cependant à Annonay, pendant quelques années, par la maison Rouveure aîné, en particulier, pour la fabrication des gants, mais elles n'ont pas eu de résultats bien encourageants paraît-il, pour leur promoteur, puisqu'il y a renoncé.

Grenoble, Chaumont, Paris, ont donc conservé le

monopole de la fabrication des gants, et chose digne d'être notée, c'est que l'industrie annonéenne s'est vu enlever depuis quelques années, une certaine partie de sa fabrication par l'industrie gantière. Celle-ci, en effet, tend de plus en plus à centraliser les opérations de la mégisserie et de la ganterie, suivant en cela le mouvement qui porte dans la plupart des industries à la centralisation des opérations diverses que doit subir un même produit, depuis l'état brut ou de matière première, jusqu'à son état parfait.

Nous avons pu nous rendre compte d'une entreprise de ce genre, en visitant dans tous ses détails, la plus importante manufacture de gants que possède la France, et dans laquelle s'exécutent, sur une grande échelle, toutes les opérations que comporte la peau, depuis son état brut jusqu'à son expédition et sa vente à l'état de gant courant jusqu'au gant du plus haut prix.

Cet établissement est bien connu en France et plus encore peut-être à l'étranger qu'il alimente abondamment de ses produits excellents. Nous voulons parler de la belle manufacture de MM. Tréfousse et Cie, de Chaumont en Bassigny, chef-lieu de la Haute-Marne. Là se trouvent réunis tous les travaux de la mégisserie et de la ganterie, sous la direction de patrons intelligents, riches, laborieux, qui sont entrés hardiment dans le courant des nécessités industrielles modernes et ont contribué ainsi largement, à la richesse du pays, en faisant eux-mêmes une très-grosse et honorable fortune.

Il nous suffira, pour donner une idée de la puissance manufacturière de cette maison d'indiquer quelques chiffres puisés à bonne source.

La manufacture de MM. Tréfousse et Cie, fondée en 1829, dans des conditions d'abord assez modestes, occupe aujourd'hui une surface de plus de deux hectares, et elle est divisée en 37 ateliers spéciaux, dans lesquels s'opèrent les manipulations si nombreuses et si variées auxquelles la peau est soumise avant de donner une paire de gants achevée et prête pour la vente. En effet, un gant depuis l'état de peau en poil jusqu'à celui de gant fini, passe 219 fois par les mains de l'ouvrier.

La maison Tréfousse emploie près de 5,000 ouvriers qui se répartissent ainsi pour les différentes manipulations : 200 mégissiers, 40 teinturiers et ouvreurs, 240 gantiers et gantières, 30 employés et contre-maîtres, 40 à 50 entrepreneurs de couture, 4,300 ouvrières couseuses, dirigées et surveillées par les entrepreneurs, responsables du travail vis à vis des manufacturiers.

Cet établissement, chaque année, en peaux françaises ou étrangères, mégisse 600,000 peaux de chevreaux, en teint 512,000, et produit 900,000 paires de gants.

Les opérations de la mégisserie et de la teinture consomment ensemble un million de jaunes d'œufs, c'est-à-dire le dixième ou le douzième, de ce que consomment annuellement les fabriques d'Annonay. En outre, la maison Tréfousse transforme elle-même les blancs d'œufs en albumine, et elle fabrique ses cartonnages pour l'expédition de ses produits.

Voilà donc un exemple de la centralisation la plus complète que l'on puisse citer en France, et l'on peut dire en Europe, de toutes les opérations de la mégisserie et de la ganterie.

Nous ne croyons pas que Grenoble offre un exemple aussi complet quoique la ganterie y soit très-développée et que la mégisserie y compte plusieurs représentants, alors qu'autrefois la ganterie grenobloise tirait ses peaux préparées d'Annonay et de Milhau, ces centres déjà fort anciens et renommés de la mégisserie française.

**

Nous voudrions pouvoir constater dans notre industrie annonéenne, de semblables exemples de centralisation et de développement industriel.

Mais nous croyons, pouvoir le dire, car c'est l'avis

d'hommes compétents et éclairés, de la bouche desquels nous avons recueilli ces appréciations, avec un sentiment douloureux, l'industrie annonéenne, tend plutôt à perdre de son importance et de sa prospérité qu'à les développer. La mégisserie d'Annonay a subi bien des crises pénibles, et l'année 1872-73, a été une année d'épreuve, assez rude pour elle. Sa population ouvrière a diminué dans une proportion notable dit-on, le travail s'étant beaucoup restreint pendant cette période, des établissements importants jadis s'étant encore effondrés dans cette crise ou dans des crises un peu antérieures. Cet état s'est amélioré sensiblement en 1874 et les fabricants, qui avaient pu résister parce qu'ils étaient forts et prudents, ont pu cette année trouver quelques dédommagements aux mauvais jours de 1872-73.

C'est fort heureux assurément et nous ne pouvons que nous en réjouir, dans l'intérêt de notre pays et de son industrie.

Mais l'industrie annonéenne présente-t-elle les éléments d'une prospérité et d'un développement qui en assurent la longévité dans des conditions de progrès auxquelles semblaient si bien se prêter, par exemple, la création du barrage de Ternay, l'accumulation des capitaux dans quelques grandes maisons, les améliorations lentes, mais sensibles, apportées à l'état de la ville, à ses moyens de communication et de transports ?

Nous n'osons répondre affirmativement, et nous entendons dire, par des hommes autorisés, que l'industrie annonéenne se laisse absorber, faute de progresser. On lui reproche quelque négligence, et de l'économie excessive dans sa fabrication. Les produits tendraient à perdre des qualités qui les avaient placés jadis à un certain niveau dans l'estime des consommateurs, et cela par l'effet de l'apathie, de la négligence, ou plus exactement peut-être, de l'excès de prudence et d'économie des manufacturiers qui devraient donner le signal des progrès et des améliorations dans la fabrication.

Ces accusations ou pour mieux dire ces appréciations sont graves, à la vérité, et si nous nous en faisons l'écho, c'est avec regret, mais c'est surtout avec le plus ardent désir d'éveiller, s'il y a lieu, l'attention de nos compatriotes, et de leur signaler les jugements qu'on porte ailleurs sur l'état d'une industrie pour la prospérité de laquelle nous faisons les vœux les plus sincères.

Puissent-ils par leurs efforts, par leur dévouement, par leur sagesse, retenir dans notre département, longtemps encore, une de ses plus riches industries, et donner un démenti à des prévisions qu'ils ont encore, sans doute, le pouvoir d'écarter de nous.

En terminant ces notices sur des industries si intéressantes de notre département, nous nous faisons un devoir de remercier les honorables et intelligents chefs d'industrie qui ont bien voulu nous en fournir les éléments, et qui nous ont si obligeamment mis à même de fournir à la curiosité des lecteurs, des renseignements d'un vif intérêt.

Nous faisons des vœux pour que chacune des autres industries de l'Ardèche se prête au même travail, afin que le pays apprenne à connaître les ressources de son sol, les merveilles de l'intelligence, du génie et du labeur de ses enfants.

Quant à nous, nous nous sommes donné la tâche de compléter cette revue de nos principales industries, et nous ne négligerons rien dans le but de mener à à bonne fin cet inventaire de notre richesse industrielle, en vue duquel nous avons réuni des matériaux assez abondants pour que nous puissions entrevoir l'achèvement de ce travail dans un délai rapproché.

Pour compléter utilement cette notice sur la mégisserie, nous croyons devoir donner ici la liste des fabricants mégissiers existant à Annonay en 1874, avec l'indication du nombre d'ouvriers des diverses catégories occupés par chacun d'eux, d'après les déclarations qui ont servi de base à l'application du droit proportionnel déterminé par la loi sur les patentes pour 1874.

Voici cette liste par ordre alphabétique.

	NOMBRE d'ouvriers occupés.
MM. Alléon Jean-François,	18
Badel et Hurtier,	35
Bayle Antoine,	26
Bayle Jean-Antoine,	16
Bérard Pierre-André-Xavier,	26
Blache Auguste,	22
Briançon Vincent,	16
Bruyat Jean-Louis,	18
Chapuis, Eugène et Charles Chapuis,	60
Chenavas Saturnin,	97
Clappe Marius et Rey,	16
Chuzel Jules,	11
Deschaux Antoine-Joseph et Deschaux Jean-Marie,	52
Duranton François et Barjon André,	11
Falcon Augustin,	17
Fanget Louis,	32
Franc Joseph-André-Xavier,	65
Garnier Marcelin, de Grenoble,	40
Giraud, Ferdinand et Benjamin,	46
Gelas Marcelin,	38
Jamet Ferdinand,	49

	NOMBRE d'ouvriers occupés.
MM. Jomaron Pierre et Champin,	16
Jomaron Adolphe, 1re fabrique,	49
Jomaron Adolphe, 2e fabrique,	76
Jomaron Charles,	22
Léottier Reynaud,	12
Lesty Paul,	50
Magnolon Michel-Louis,	14
Maisonnat, Jean-Louis,	25
Meunier François,	11
Misery et Petit, (chiffre inconnu)	
Montagnon, Joseph et Michel,	25
Montagnon Louis,	20
Novat père et fils,	25
Paret, Jean et Alexandre,	110
Patot Vincent,	58
Romain Pierre,	15
Ribes Joseph et fils,	44
Rouveure Marcelin, père et fils,	98
Rouveure Régis,	120
Roux Siméon,	69
Royer Jules-Jean,	21
Royer Jean-Aimé,	14
Rulhière Xavier,	14
Tracol Henri-Frédéric-Edouard,	18
Val Jean,	16

Au total 46 fabricants mégissiers qui occupent 1584 ouvriers de *rivière* et de *palisson*.

Huit ou dix commissionnaires en peaux servent d'intermédiaires entre vendeurs et acheteurs soit pour les peaux en poil ou brutes soit pour les peaux mégissées et ces commissionnaires qui ont quelquefois en magasin des quantités importantes de peaux brutes, emploient eux-mêmes un certain nombre de femmes et d'hommes de peines pour la manipulation de ces matières premières qu'il importe de visiter et de secouer souvent, surtout en été, pour les préserver des avaries que causent les larves des teignes et des dermestes dans ces dépouilles animales.

Tel est en résumé le personnel que comportait l'industrie mégissière à Annonay, dans ces derniers temps.

Privas. — Imprimerie Roure.

DU MÊME AUTEUR

En préparation pour paraître en 1875

LES

INDUSTRIES DE L'ARDÈCHE

2e et 3e Parties, comprenant :

La Soie. — La Filature et le Moulinage des Soies.
Les Mines et les Hauts-Fourneaux.
Les Houillères. — Les Eaux Minérales.
La fabrication de la Chaux hydraulique.
Les industries diverses mais moins importantes du département.

www.ingramcontent.com/pod-product-compliance
Lightning Source LLC
LaVergne TN
LVHW050555090426
835512LV00008B/1168